Zum Einkuscheln an kalten Tagen oder als Fashion-Statement für Modebewusste: Schals und Mützen sind die wichtigsten Accessoires im kommenden Winter. Ob klassisch oder modern, jedes Outfit bekommt damit den passenden Akzent und wird zu etwas ganz Besonderem.

Aus dicken Garnen extra schnell gestrickt und gehäkelt finden Sie in diesem Buch die kreativsten Modelle: voluminöse Tunnelschals, warme Schalkragen und Ponchos, freche Beanies und witzige Pomponmützen. Die Muster sind schlicht oder verspielt, es gibt aktuelle Zopfmuster-Optiken und Colourblocking-Streifen, Pelz-Effekte und Rippendesigns.

Dabei sind die meisten Modelle auch für Anfängerinnen einfach nachzuarbeiten und gelingen mit unseren ausführlichen Anleitungen. Der Winter kann kommen!

Katja Gradl

Tanja Steinbach

Passt zum Jeans-Outfit

Dreieckstuch und Mütze

GRÖSSE
Mütze ca. 52-56 cm Kopfumfang

Tuch ca. 120 x 75 cm

MATERIAL
MÜTZE

* Schachenmayr Silenzio in Jeansblau (Fb 052), 100 g
* 6 Nadelspielnadeln 7 mm

DREIECKSTUCH

* Schachenmayr Silenzio in Jeansblau (Fb 052), 350 g
* Rundstricknadel 7 mm, 100 cm lang
* dicke Häkelnadel

MASCHENPROBE
Mit Nd 7 mm
im Strukturmuster
12 M und 22 R
= 10 cm x 10 cm
Kraus rechts
11 M und 20 R
= 10 cm x 10 cm

Bündchenmuster

Gerade M-Zahl. In Rd 1 M rechts, 1 M links im Wechsel str.

Strukturmuster

In Rd, M-Zahl teilbar durch 4.
1. Rd: * 3 M links zusammenstr, aus der nächsten M 1 M rechts, 1 M links, 1 M rechts herausstr, ab * wdh.
2. Rd: Alle M links str.
3. Rd: * Aus einer M 1 M rechts, 1 M links, 1 M rechts herausstr, 3 M links zusammenstr, ab * wdh.
4. Rd: Alle M links str.
Die 1.-4. Rd fortlaufend wdh.

Kraus rechts

In Hin- und Rückr alle M rechts str.

Mütze

60 M auf 4 Nd des Ndspiels verteilt (= 15 M je Nd) anschlagen, zur Rd schließen und 8 Rd im Bündchenmuster str. Anschließend 1 Rd linke M str, dabei gleichmäßig verteilt 16 M rechts verschränkt aus dem Querfaden zunehmen = 76 M.
Die M auf 5 Spielnd verteilen und im Strukturmuster weiterstr. In etwa 21 cm Höhe, nach einer 4. Rd des Strukturmuster mit den Abnahmen beginnen, dafür die nächste Rd wie folgt str: * 3 M links zusammenstr, 1 M rechts, ab * stets wdh = 38 M.
In der nächsten Rd alle M links str, in der darauf folgenden Rd jeweils 3 M links zusammenstr, enden mit 2 M links zusammenstr = 13 M. Nochmals 1 Rd linke M str, dann in der nächsten Rd jeweils 2 M rechts zusammenstr, enden mit 1 M rechts = 7 M. Den Faden trennen, mit einer Sticknd ohne Spitze 2x durch die M ziehen und alle Fäden vernähen. Gesamthöhe der Mütze ca. 24 cm.

Dreieckstuch

132 M anschlagen und kraus rechts str. In 5 cm Höhe mit den Abnahmen beginnen, dafür in jeder R jeweils die letzten beiden M rechts zusammenstr. Diese Abnahmen wdh bis noch 3 M übrig sind, in der folgenden R 1 M abheben, die folgenden beiden M rechts zusammenstr, die abgehobene M überziehen, Faden trennen und durchziehen.
Für die Fransen 40 cm lange Fäden abschneiden, jeweils 2 Fäden zusammen zur Hälfte legen und im Abstand von etwa 2 cm mit der Häkelnd in die schrägen Seiten des Tuches einknüpfen. Die Fransen auf eine einheitliche Länge kürzen, fertige Fransenlänge etwa 18 cm.
Für die Zöpfe 24 lange Fäden à 200 cm abschneiden, jeweils 2 Fäden zusammen zur Hälfte legen und dicht in die 5 cm hohen Seitenkanten des Tuches einknüpfen, je Seite 6 Paare einknüpfen. Jeweils 2 Paare zusammenfassen und daraus auf jeder Seite einen etwa 55 cm langen, lockeren Zopf flechten, abbinden und die Fäden auf eine einheitliche Länge kürzen.

Trendfarbe Lila

Loop-Schal und Blockstreifen-Beanie

GRÖSSE

Mütze ca. 52-56 cm Kopfumfang
Kragen ca. 85 x 50 cm

MATERIAL

MÜTZE

* Schachenmayr Extra Merino Big in Mocca meliert (Fb 111) und Viola (Fb 149), je 50 g
* 6 Nadelspielnadeln 5-6 mm

KRAGEN

* Schachenmayr Extra Merino Big in Mocca meliert (Fb 111) und Viola (Fb 149), je 200 g
* 1-2 Rundstricknadeln 5-6 mm

MASCHENPROBE

Mit Nd 5-6 mm bei glatt rechts 16 M und 22 Rd = 10 cm x 10 cm

Im Rippenmuster ungedehnt 26 M und 22 Rd = 10 cm x 10 cm

Rippenmuster

M-Zahl teilbar durch 4. In Rd 2 M rechts, 2 M links im Wechsel str.

Glatt rechts

In Runden alle Rd rechts str.

Mütze

76 M auf 4 Nd des Ndspiels verteilt (= 19 M je Nd) in Mocca meliert anschlagen, zur Rd schließen und 5 cm im Rippenmuster str. Anschließend glatt rechts weiterarbeiten, 12 Rd in Viola, dabei in der ersten Rd gleichmäßig verteilt 20 M rechts verschränkt aus dem Querfaden zunehmen = 96 M. Dabei die M auf 5 Spielnd verteilen.

Mein Tipp für Sie

Rundstricken Anstatt nach dem Rippenmuster die Maschen auf 5 Spielnadeln zu verteilen, können Sie auch bequem alle Maschen auf eine 60 cm lange Rundstricknadel legen und wie beschrieben weiterarbeiten, so geht das Rundenstricken noch schneller! Zu Beginn der Abnahmen dann wieder auf die Spielnadeln wechseln.

Nach 12 Rd in Viola weitere 12 Rd in Mocca meliert str, anschließend nochmals 12 Rd in Viola, danach in Mocca meliert bis zum Ende der Mütze weiterstr.
Dabei in der 8. Rd in Mocca meliert mit den Abnahmen beginnen, dafür *2 M rechts str, 2 M rechts zusammenstr, ab * stets wdh = 72 M. Diese Abnahmen in der folgenden Rd nochmals wdh = 54 M. In den folgenden beiden Rd jeweils 1 M rechts, 2 M rechts zusammenstr im Wechsel arbeiten = 24 M. In den nächsten beiden Rd jeweils 2 M rechts zusammenstr = 6 M. Den Faden trennen, mit einer Sticknd ohne Spitze 2x durch die M ziehen und alle Fäden vernähen. Mützenhöhe ca. 27 cm.

Kragen

220 M in Mocca meliert mit der Rundstricknd anschlagen, zur Rd schließen und 25 cm im Rippenmuster str. Anschließend mit Viola im Rippenmuster weiterstr. In 50 cm Höhe alle M im M-Rhythmus abketten. Fäden vernähen.

In sanften Tönen

Mütze und Loop-Schal mit Noppenkante

GRÖSSE
Mütze ca. 52-56 cm Kopfumfang
Kragen ca. 100 cm x 40 cm

MATERIAL
MÜTZE
* Schachenmayr Silenzio in Borke meliert (Fb 005), 100 g
* 6 Nadelspielnadeln 7 mm

KRAGEN
* Schachenmayr Silenzio in Borke meliert (Fb 005), 400 g
* Rundstricknadel 7 mm

MASCHENPROBE
Mit Nd 7 mm im Grundmuster 13 M und 17-18 R = 10 cm x 10 cm

Bündchenmuster

Gerade M-Zahl. In Rd 1 M rechts, 1 M links im Wechsel str.

Glatt rechts

In Runden alle Rd rechts str.

Grundmuster

M-Zahl teilbar durch 4, in Rd str.
1. Rd: *1 M rechts, 3 M links, ab * fortlaufend wdh.
2. Rd: *2 M rechts, 1 M links, 1 M rechts str, ab * fortlaufend wdh.
1. und 2. Rd fortlaufend wdh.

Mütze

60 M auf 4 Nd des Ndspiels verteilt (= 15 M je Nd) anschlagen, zur Rd schließen und 9 Rd im Bündchenmuster str. Anschließend 7 Rd glatt rechts str, dabei in der 1. Rd gleichmäßig verteilt 16 M rechts verschränkt aus dem Querfaden zunehmen = 76 M. Die 76 M auf 5 Spielnd verteilen.
Dann 7 Rd im Grundmuster str. Danach nochmals 7 Rd glatt rechts und 7 Rd im Grundmuster str. Abschließend 5 Rd glatt rechts str, dann mit den Abnahmen beginnen, die nächste Rd wie folgt str: *1 M rechts, 2 M zus wie zum rechts str abheben, die folgende M rechts str und die beiden abgehobenen M überziehen, ab * stets wdh = 38 M.
In der folgenden Rd alle M rechts str, danach jeweils 2 M rechts zusammenstr = 19 M. Nochmals eine Rd rechte M str, dann wieder jeweils 2 M rechts zusammenstr, enden mit 1 M rechts = 10 M. Den Faden trennen, mit einer Sticknd ohne Spitze 2x durch die M ziehen und alle Fäden vernähen. Mützenhöhe ca. 24 cm.

Kragen

128 M anschlagen, in der nächsten Rückr alle M rechts str. Anschließend die Noppen-R wie folgt str: *1 M rechts, für die Noppe aus der folgenden M 5 M herausstr (abwechselnd 1 M rechts, 1 Umschlag), wenden, 5 M rechts, wenden, 5 M links, wenden, 1 M rechts abheben, 1 M rechts str und die abgehobene M überziehen, 1 M rechts str, 2 M rechts zusammenstr, wenden, 3 M links zusammenstr. Die Noppe ist nun beendet. Noch 3x 1 M rechts, 1 M links im Wechsel str, ab * stets wdh. Am Ende dieser R die M zur Rd schließen und im Bündchenmuster weiterstr.
In 5 cm Höhe im Grundmuster weiterarbeiten. In 35 cm Höhe noch 5 cm im Bündchenmuster str, in etwa 40 cm Höhe in der nächsten Rd alle M im M-Rhythmus abketten, Fäden trennen und durch die letzte M ziehen.

Mein Tipp für Sie

Rundstricken Anstatt nach dem Bündchen die Maschen auf 5 Spielnadeln zu verteilen, können Sie auch bequem alle Maschen auf eine 60 cm lange Rundstricknadel legen und wie beschrieben weiterarbeiten, so geht das Rundenstricken noch schneller! Zu Beginn der Abnahmen dann wieder auf die Nadelspielnadeln wechseln.

Wind und Kälte trotzen

Häkelschal und Fliegermütze

GRÖSSE
Mütze ca. 56-59 cm Kopfumfang
Schal ca. 15 cm x 165 cm

MATERIAL
* Häkelnadel 6 mm

MÜTZE
* Schachenmayr Extra Merino Big in Burgund (Fb 133), 100 g
* Schachenmayr Cassiopeia in Burgund (Fb 033), 50 g
* Häkelnadel 5 mm

SCHAL
* Schachenmayr Extra Merino Big in Burgund (Fb 133), 350 g
* Schachenmayr Cassiopeia in Burgund (Fb 033), 100 g

MASCHENPROBE
Mit Nd 6 mm im Grundmuster 15 M und 9 R = 10 cm x 10 cm

HÄKELSCHRIFT
Umschlagklappe

Grundmuster

siehe Umschlagklappe

Mütze

Die Mütze mit einem Fadenring von der Mitte heraus beginnen. In jeder R und Rd jeweils als Ersatz für das erste Stb drei Lm häkeln und jede Rd mit einer Km schließen.
Bis zum Nackenteil und den Ohrklappen wird die Arbeit in Rd gehäkelt. Nach der 17. Rd wird die Mütze in R beendet.

1. Rd: Einen Fadenring mit Nd 6 mm mit Extra Merino Big anschlagen. 3 Lm und 16 Stb in den Fadenring häkeln. Den Faden festziehen.
2. Rd: Jedes Stb verdoppeln = 3 Lm und 32 Stb.
3. Rd: In jedes 2. Stb ein Relief-Stb vorn häkeln = 3 Lm und 32 Stb.
4. Rd: Jedes Stb und Relief-Stb verdoppeln, dafür um jedes Relief-Stb vorn der Vor-Rd 2 Relief-Stb hinten häkeln, und um jedes Stb der Vor-Rd zwei Relief-Stb vorn häkeln = 3 Lm und 64 Relief-Stb.
5.-17. Rd: Ohne Zunahmen weiterarbeiten, dabei auf jedes Relief-Stb vorn der Vor-Rd ein Relief-Stb hinten häkeln und umgekehrt. Jede Rd mit 3 Lm beginnen und mit einer Km schließen.
18. R: Der Rd-Beginn mit den 3 Lm markiert ab jetzt die Mittellline. Den Faden trennen und in jede Richtung 22 Relief-Stb (11 Stb-Paare) abzählen und mit einem Faden markieren. Ein M-Glied vor der Markierung den Faden neu anmaschen. 3 Lm als Ersatz des 1. Stb häkeln, dann weiter über die 44 Relief-Stb zwischen den Markierungen im Grundmuster weiterhäkeln, dabei die Lm-Naht in der Mitte der Arbeit überspringen. Nach dem letzten Stb-Paar in das nächste M-Glied 1 Stb häkeln und die Arbeit wenden = 3 Lm, 44 Relief-Stb, 1Stb.
19. R: Im Grundmuster häkeln, als Abschluß 1 Stb in das oberste M-Glied der 3 Lm der letzten R häkeln und die Arbeit wenden = 3 Lm, 44 Relief-Stb, 1 Stb.
20. R: Die Ohrenklappen arbeiten: 3 Lm als Ersatz des 1. Stb häkeln, das 1. Relief-Stb überspringen und das 2. Relief-Stb vorn arbeiten. Im Grundmuster fortfahren bis insgesamt 7 Stb-Paare gehäkelt sind. Noch 1 Stb arb und die Arbeit wenden = 3 Lm, 1 Relief-Stb, 7 Relief-Stb-Paare, 1 Stb.
21. R: Im Grundmuster häkeln. Sind insgesamt sieben Stb-Paare ereicht, das einzelne Relief-Stb der Vor-R überspringen, ein Stb = 3 Lm, 7 Relief-Stb-Paare, 1 Stb.
22.-25. R: Im Grundmuster häkeln.
26.-31. R: 3 Lm, im Grundmuster häkeln, dabei aber in jeder R das erste und letzte Relief-Stb überspringen. Die R mit einem Stb beenden. Den Faden trennen.
Auf die gleiche Weise wird auch die zweite Seite der Mütze fertiggestellt. Den Faden in der 20. R auf der anderen Seite der 44 Relief-Stb anmaschen und die 20.-31. R häkeln.

Mit Nd 5 mm und Extra Merino Big den Rand der Mütze mit fM umhäkeln. Den Faden trennen.
Mit Nd 6 mm und Cassiopeia mit doppeltem Faden eine weitere Rd fM um den Rand der Mütze arbeiten. Die Fäden trennen.

Hinweis: Cassiopeia immer doppelfädig verarbeiten!

Pelz

Zwischen den Ohrenklappen mit Cassiopeia mit doppeltem Faden arbeiten. Dafür die Fäden am 2. M-Glied anmaschen, 3 Lm und 15 Stb zwischen die Ohrenklappen häkeln. Das 17. M-Glied bleibt unbehäkelt = 16 M.
Ingesamt 6 R häkeln. Den Faden trennen.
Den Pelz über das Kopfteil der Mütze legen und so platzieren, dass es gerade aufliegt. Man kann sich gut an dem Muster der Mütze orientieren. Mit Hilfe von Stecknd befestigen und mit einer Näh-Nd und einem Faden mit Cassiopeia festnähen. Alle Stecknd entfernen und alle Fäden vernähen.

Schal

Hinweis: In jeder R und jeweils als Ersatz für das erste Stb drei Lm häkeln und jeweils mit einem Stb beenden.

1. R: Mit Cassiopeia und Nd 6 mm 19 Lm häkeln. Das 1. Stb in die 4. Lm häkeln und die R mit Stb beenden = 3 Wende-Lm und 15 Stb.
2.-4. R: Stb häkeln.
5. R: 2 Wende-Lm, in die nächste M 2 hStb häkeln, dabei das 2. hStb mit Extra Merino Big abmaschen und damit weiterarbeiten, Cassiopeia liegt auf der Rückseite der Arbeit. 12 Stb häkeln, das 12. Stb mit zwei neuen Fäden Cassiopeia abmaschen, 2 hStb in die nächste M häkeln, noch 1 hStb arbeiten = 2 Wende-Lm, 2 hStb, 12 Stb, 3 hStb.
6.-10. R: In jeder R 2 Wende-Lm und 2 hStb mit Cassiopeia häkeln, das 2. hStb mit Extra Merino Big abmaschen und 12 M im Grundmuster häkeln. Das letzte Relief-Stb mit Cassiopeia abmaschen und 3 hStb arb = 2 Wende-Lm, 2 hStb, 12 Relief-Stb und 3 hStb.
In der 10. R alle Fäden trennen.
11. R: Den Faden in Extra Merino Big neu anmaschen. 4 Stb, dann im Grundmuster arbeiten. In die zweit- und drittletzte M je 2 Stb und in die letzte M 1 Stb häkeln = 3 Wende-Lm, 4 Stb, 12 Relief-Stb, 5 Stb.
12.-137. R: Im Grundmuster häkeln = 3 Wende-Lm, 20 Relief-Stb, 1 Stb. Den Faden trennen.
138. R: Mit Cassiopeia 2 Wende-Lm und in die 2. und 4. M je ein hStb arbeiten. Das 2. hStb mit Extra Merino Big abmaschen, 12 M im Grundmuster häkeln, das letzte Relief-Stb mit Cassiopeia abmaschen, 3 hStb arbeiten und dabei jeweils 1 M der Vor-R überspringen = 2 Wende-Lm, 2 hStb, 12 Stb, 3 hStb.
139.-143. R: Wie die 138. R arbeiten. Den Faden in Extra Merino Big trennen.
144. R: Mit dem verbleibenden Faden in Cassiopeia den Schal beenden. 3 Wende-Lm, dann Stb häkeln, dabei die erste und vorletzte M überspringen = 3 Wende-Lm und 15 Stb.
145.-147. R: Stb häkeln. Die Fäden trennen.

Mein Tipp für Sie

Doppelfädig häkeln Kaufen Sie zwei Knäule in Cassiopeia (beide Knäuel dann innen und außen beginnen), da man während des Häkelns insgesamt 4 Fäden benötigt. Oder Sie wickeln die doppelten Fäden vor Beginn schon mal auf zwei gleichgroße Knäule, so geht Ihnen der Fadenwechsel schneller von der Hand.

Warm und gemütlich

Mütze und Schal im Jacquardmuster

GRÖSSE
Mütze ca. 52-56 cm Kopfumfang
Schal ca. 14 cm x 170 cm (ohne Fransen)

MATERIAL
* Nadelspiel 7 mm

MÜTZE
* Schachenmayr Boston in Pink (Fb 035), 100 g

SCHAL
* Schachenmayr Boston in Schwarz (Fb 099), 200 g, in Pink (Fb 035), 150 g, in Jade meliert (Fb 071), 100 g und in Natur (Fb 002), 50 g
* dicke Häkelnadel

MASCHENPROBE
Mit Nd 7 mm im Halbpatent 11 M und 26 Rd = 10 cm x 10 cm

Bei glatt rechts im Zählmuster 15 M und 13 Rd = 10 cm x 10 cm

STRICKSCHRIFT
Umschlagklappe

Bündchenmuster

Gerade M-Zahl. In Rd 1 M rechts, 1 M links im Wechsel str.

Halbpatent

Gerade M-Zahl. In Rd arbeiten.
1. Rd: 1 M rechts, 1 M links im Wechsel str.
2. Rd: Jeweils in die rechte M der Vor-Rd einstechen und 1 M rechts str, die M der Vor-Rd dabei auflösen, 1 M links, ab * fortlaufend wdh.
Die 1. und 2. Rd fortlaufend wdh.

Glatt rechts

In Runden alle Rd rechts str.

Jacquardmuster

Glatt rechts jede Rd nach Zählmuster arbeiten, den Rapport von 4 M stets wdh.
Die 1.-10.Rd fortlaufend wdh. Das Zählmuster ist auf der Umschlagklappe abgedruckt.

Mütze

60 M auf das Ndspiel verteilt anschlagen, zur Rd schließen und 6 Rd im Bündchenmuster str, dabei die Rd mit 1 M rechts beginnen. Anschließend im Halbpatent weiterstr. In 18 cm Gesamthöhe glatt rechts weiterarbeiten, dabei in der ersten Rd 6x jede 10. M markieren und diese M mit der davor liegenden M rechts zusammenstr = 54 M. Diese Abnahmen in jeder folgenden Rd noch 8x wdh bis noch 6 M übrig sind. Den Faden trennen, mit einer Sticknd ohne Spitze 2x durch die M ziehen und alle Fäden vernähen. Mützenhöhe ca. 22 cm.

Schal

40 M auf das Ndspiel verteilt in Schwarz anschlagen, zur Rd schließen und glatt rechts im Jacquardmuster weiterstr. Den Rapport des Jacquardmusters 22x wdh, abschließend noch einmal Rd 1 und 2 des Jacquardmusters str, dann noch eine Rd rechte M in Schwarz stricken und die M dabei abketten. Fäden vernähen, dabei auch die offenen Schlauchkanten oben und unten am Schal zusammennähen, der Rd-Beginn soll dabei entlang einer Schalkante verlaufen.
Für die Fransen 30 cm lange Fäden in Pink abschneiden, jeweils 2 Fäden zusammen zur Hälfte legen und mit der Häkelnd im Abstand von etwa 1-2 cm in die Seitenkanten des Schals einknüpfen. Die Fransen auf eine einheitliche Länge kürzen, fertige Fransenlänge etwa 12 cm.

Gerippt und gestreift

Mütze und Kragenschal mit Profil

GRÖSSE
Mütze ca. 52-56 cm Kopfumfang
Kragen ca. 70 cm x 30 cm

MATERIAL

MÜTZE
* Schachenmayr Boston in Anthrazit meliert (Fb 098), 100 g und Mosaikblau (Fb 065), 50 g
* Nadelspiel 7 mm

KRAGEN
* Schachenmayr Boston in Anthrazit meliert (Fb 098), 200 g
* Rundstricknadel 7 mm
* dekorative Schließe mit Pin

MASCHENPROBE
Mit Nd 7 mm im Halbpatent 11 M und 26 Rd = 10 cm x 10 cm
im Rippenmuster 12 M und 18 R = 10 x 10 cm

Bündchenmuster

Gerade M-Zahl. In Rd 1 M rechts, 1 M links im Wechsel str.

Glatt rechts

Hinr rechte M, Rückr linke M str, in Runden jede Rd rechts str.

2-farbiges Halbpatent

Gerade M-Zahl. In Rd arbeiten.
1. Rd (Mosaikblau): 1 M rechts, 1 M links im Wechsel str.
2. Rd (Anthrazit): *In die rechte M der Vor-Rd einstechen und 1 M rechts str, die M der Vor-Rd dabei auflösen, 1 M links, ab * fortlaufend wdh.
Die 1. und 2. Rd fortlaufend wdh.

Rippenmuster

M-Zahl teilbar durch 4 + 2 + 2 Randm
Hinr: Randm wie zum Linksstr abheben, * 2 M rechts, 2 M links, ab * stets wdh, enden mit 3 M rechts (die letzte M ist die Randm).
Rückr: Randm wie zum Linksstr abheben, alle M str wie sie erscheinen, Randm rechts str.
Die beiden R fortlaufend wdh.

Mütze

60 M in Anthrazit meliert auf das Ndspiel verteilt anschlagen, zur Rd schließen und 6 Rd im Bündchenmuster str, dabei die Rd mit 1 M rechts beginnen.
Anschließend im 2-farbigen Halbpatent weiterstr. In 18 cm Gesamthöhe in Anthrazit meliert glatt rechts weiterarbeiten, dabei in der 1. Rd 6x jede 10. M markieren und diese M mit der davor liegenden M rechts zusammenstr = 54 M. Diese Abnahmen in jeder folgenden Rd noch 8x wdh bis noch 6 M übrig sind. Den Faden trennen, mit einer Sticknd ohne Spitze 2x durch die M ziehen und alle Fäden vernähen. Mützenhöhe ca. 22 cm.

Kragen

112 M anschlagen und im Rippenmuster str, in 15 cm Höhe in der nächsten Rückr 27 M zunehmen: Randm wie zum Linksstricken abheben, 2 M links, *1 M rechts, 1 M rechts verschränkt aus dem Querfaden zunehmen, 1 M rechts, 2 M links, ab * stets wdh, enden mit 2 M links, Randm rechts str = 139 M.
In den folgenden R die M stricken wie sie erscheinen, in 30 cm Höhe alle M abketten.
Als Schmuck für den Pin eine kleine Quaste (siehe „...so wird's gemacht") anfertigen und am Pin befestigen. Der Kragen wird nach Belieben mit Schließe und Pin geschlossen.

Modische Akzente setzen

Beanie und Schal in Grüntönen

GRÖSSE
Mütze ca. 52-57 cm Kopfumfang
Schal ca. 16 cm x 190 cm

MATERIAL
* Häkelnadel 5 mm

MÜTZE
* Schachenmayr Extra Merino in Olive meliert (Fb 074), Zitronat (Fb 024) und Moos (Fb 072), je 50 g
* transparenter Elastikfaden, 160 cm

SCHAL
* Schachenmayr Extra Merino in Olive meliert (Fb 074), 250 g, Zitronat (Fb 024) und Moos (Fb 072), je 50 g

MASCHENPROBE
Mit Nd 5 mm im Grundmuster 15 M und 9 R = 10 cm x 10 cm

HÄKELSCHRIFT
Umschlagklappe

Farbfolge

1 Rd in Zitronat, 1 Rd in Olive, 1 Rd in Moos, 1 Rd in Olive. Die Farbfolge fortlaufend wdh und ab der 7. Rd einhalten.

Hinweis: In jeder Rd jeweils als Ersatz für das erste Stb drei Lm häkeln und jede Rd mit einer Km schließen. Eine 3er Stb-Gruppe besteht aus drei Stb, die in eine Einstichstelle gehäkelt werden. Bei einer 2er Stb-Gruppe werden zwei Stb in eine Einstichstelle gehäkelt.

Mütze

Die Mütze wird in der Mitte begonnen, ab der 3. Rd werden die Farben nach Häkelschema und Anleitung gewechselt.

1. Rd (Olive): Fadenring in Olive anschlagen und 3 Lm und 13 Stb hineinhäkeln. Mit einer Km zum Ring schließen = 14 Stb.

2. Rd (Olive): Jedes Stb verdoppeln = 28 Stb. Die Km in Zitronat abmaschen. Den Faden in Olive nicht trennen, sondern hinter die Arbeit legen.

3. Rd (Zitronat): In jeden Zwischenraum von zwei Stb jeweils eine 3er Stb-Gruppe häkeln = 14 Stb-Gruppen. Die Km in Olive abmaschen. Der Faden in Zitronat liegt auf der Rückseite.

4. Rd (Olive): In die Zwischenräume der Stb-Gruppen der letzten Rd jeweils wieder 3er Stb-Gruppe häkeln, jedoch dabei gleichmäßig verteilt zweimal eine 2er Stb-Gruppe zunehmen = 16 Stb-Gruppen. Die Km in Moos abmaschen, die beiden anderen Fäden liegen auf der Rückseite.

5. Rd (Moos): Wie die 4. Rd häkeln = 18 Stb-Gruppen. Die Km in Olive abmaschen.

6. Rd (Olive): Wie die 4. Rd häkeln = 20 Stb-Gruppen.

7.-22. Rd: Die Farbfolge einhalten und keine Zunahmen mehr arbeiten = 20 Stb-Gruppen. Die letzte Rd endet in Olive.

Bund: Durch die Km der letzten Rd einen zweiten Faden in Olive anmaschen, da der Bund mit doppeltem Faden in Olive gehäkelt wird. Weiterhin mit Nd 5 mm häkeln, damit der Bund etwas fester wird.

23. Rd: In jede M der letzten Rd 1 fM arbeiten = 60 M.

24. Rd: fM häkeln, jedoch gleichmäßig verteilt 8 M abnehmen = 52 M.

25.+26. Rd: fM häkeln = 52 M.

Alle Fäden trennen und vernähen. Den Elastikfaden durch die M der 23. und 26. Rd ziehen und der gewünschten Kopfweite anpassen.

Schal

Den Schal aus der Mitte heraus häkeln (vgl. Häkelschrift auf der Umschlagklappe), nach der 5. Rd wird die erste Seite des Schals in R gehäkelt, ab der 41. R werden die Farben nach Anleitung gewechselt.

1. Rd: Fadenring in Olive anschlagen und 3 Lm und 2 Stb in den Fadenring arbeiten, dann weiter 3 Lm, 3 Stb, 3 Lm, 3 Stb, 3 Lm, 3 Stb und 3 Lm, dann mit einer Km die Rd schließen. Den Faden festziehen.

2. Rd: In jeden Lm-Bogen jeweils eine 3er Stb-Gruppe, 3 Lm, noch eine 3er Stb-Gruppe und 1 LM häkeln. Es bildet sich ein Quadrat.

3. Rd: *In den Lm-Bogen der letzten Rd einstechen und 1 Stb-Gruppe und 1 Lm häkeln. In die Ecke des Quadrates 1 Stb-Gruppe, 3 Lm und 1 Stb-Gruppe häkeln. Ab * noch 3x wdh.

4.-5. Rd: Auf die gleiche Weise fortfahren, dabei immer in eine Ecke 1 Stb-Gruppe, 3 Lm, 1 Stb-Gruppe und in den Zwischenraum der Längsseite jeweils nur 1 Stb-Gruppe häkeln, zwischen diese Stb-Gruppen keine Lm häkeln.

6.-48. R: Ab jetzt den Schal in R arbeiten. Zwei Wende-Lm häkeln, die Arbeit wenden und in jeden der ersten 4 Zwischenräume je 1 Stb-Gruppe häkeln. Der 5. Zwischenraum ist die Ecke, dort wird wieder 1 Stb-Gruppe, 1 Lm, 1 Stb-Gruppe gearbeitet (so entsteht die Spitze des Schals). In den 6.-9. Zwischenraum wieder jeweils 1 Stb-Gruppe häkeln. Zwei Wende-Lm häkeln, die Arbeit wenden.

Achtung! Ab der 40. R die Farbfolge einhalten: je 1 R in Zitronat, Olive, Moos, Olive, Zitronat, Olive, Moos, Olive.

Den Faden trennen und durchziehen. Nun wird die 6.-48. R der zweiten Seite gegengleich gehäkelt.
Alle Fäden vernähen und die Ränder des Schals leicht dämpfen.

Klassisches Design mit Pfiff

Baskenmütze und Rippenschal

GRÖSSE
Mütze ca. 52-56 cm Kopfumfang
Schal ca. 16 cm x 170 cm

MATERIAL

MÜTZE

* Schachenmayr Extra Merino Big in Mittelgrau Meliert (Fb 192), 100g
* 7 Nadelspielnadeln 5 mm

SCHAL

* Schachenmayr Extra Merino Big in Mittelgrau Meliert (Fb 192), 250 g
* Schachenmayr Extra Merino Big in Schwarz (Fb 199) und Steppe (Fb 106), je 50 g
* Rundstricknadel 5 mm

MASCHENPROBE
Mit Nd 5 mm bei glatt rechts 16 M und 23 Rd = 10 cm x 10 cm
im Rippenmuster 18 M und 26 R = 10 x 10 cm

Bündchenmuster

M-Zahl teilbar durch 4. In Rd 2 M rechts, 2 M links im Wechsel str.

Glatt rechts

Hinr rechte M, Rückr linke M str, in Rd alle M rechts str.

Rippenmuster

M-Zahl teilbar durch 4+2.
Hinr: Alle M rechts str.
Rückr: * 2 M rechts, 2 M links, ab * stets wdh, enden mit 2 M rechts.
Die beiden R stets wdh.

Mütze

80 M auf 4 Nd des Ndspiels verteilt (= 20 M je Nd) anschlagen, zur Rd schließen und 4 cm im Bündchenmuster str. Die nächste Rd wie folgt str: 2 M rechts, * 1 M rechts, 1 M rechts verschränkt aus dem Querfaden zunehmen, 2 M rechts, 1 M rechts verschränkt aus dem Querfaden zunehmen, ab * stets wdh = 132 M. Die M auf 6 Spielnd verteilen = 22 M je Nd. Glatt rechts weiterstr. In 14 cm Höhe gleichmäßig verteilt 6 M abnehmen, dafür am Ende jeder Nd die letzten beiden M rechts zusammenstr = 126 M. Diese Abnahmen in jeder folgenden Rd wdh bis noch 6 M übrig sind. Den Faden trennen, mit einer Sticknd ohne Spitze 2x durch die M ziehen und alle Fäden vernähen. Mützenhöhe ca. 24 cm.

Schal

30 M in Mittelgrau meliert anschlagen und im Rippenmuster in R weiterarbeiten. In 170 cm Höhe alle M abketten. Je 10 einfarbige Pompons in Mittelgrau, Schwarz und Steppe und 10 Pompons aus allen 3 Farben gemischt anfertigen (siehe „...so wird's gemacht"), Durchmesser jeweils etwa 4 cm. Die Pompons an einer Längsseite des Schals dicht aneinander annähen, dabei die Farbfolge in Mittelgrau, Schwarz, Steppe und im Mix stets wdh. Alle Fäden vernähen.

In den Farben des Ozeans

Ballonmütze und Schal

GRÖSSE
Mütze ca. 56-59 cm Kopfumfang

Schal ca. 18 cm x 230 cm

MATERIAL
MÜTZE
* Schachenmayr Boston Fashion Color in Ocean Color (Fb 1477), 150 g
* Häkelnadel 6 mm und 4,5 mm

SCHAL
* Schachenmayr Boston Fashion Color in Ocean Color (Fb 1477), 450 g
* Häkelnadel 7 mm

MASCHENPROBE
MÜTZE
Mit Nd 6 mm in Stb 11 M und 6 R = 10 cm x 10 cm

SCHAL
Mit Nd 7 mm in Stb 9 M und 5 R = 10 cm x 10 cm

Mütze

Hinweis: Jede Rd mit einer Km schließen. Ab der 3. Rd zu Beginn jeder Rd eine ca. 2,5 cm lange M ziehen, um auf die Arbeitshöhe zu kommen.

1. Rd: Einen Fadenring arbeiten, 3 Lm und 14 Stb in den Fadenring häkeln. Den Faden festziehen.

2. Rd: 3 Lm häkeln und jedes Stb verdoppeln = 30 Stb.

3. Rd: *1 Relief-Stb vorne, 2 Relief-Stb hinten (jedes Relief-Stb wird um 1 Stb der letzten Rd gearbeitet) = 1 Rapport, ab * noch 9x wdh = 30 Relief-Stb.

4. Rd: 1 Relief-Stb vorne um das 1. Relief-Stb vorne häkeln, das 1. Relief-Stb hinten überspringen, *das 2. Relief-Stb hinten verdoppeln, das folgende Relief-Stb vorne überspringen, das folgende Relief-Stb hinten verdoppeln, um das übersprungene Relief-Stb vorne 1 Relief-Stb vorne arb, ab * fortlaufend wdh. Die letzten beiden Relief-Stb dieser Rd um das 1. übersprungene Relief-Stb hinten am Anfang dieser Rd arbeiten.

5. Rd: 1 Relief-Stb vorne arbeiten, das 1. Relief-Stb hinten überspringen, *jeweils um das 2., 3. und 4. Relief-Stb hinten 1 Relief-Stb hinten häkeln, das folgende Relief-Stb vorne überspringen und um das 1. Relief-Stb hinten des 2. Rapports wieder 1 Relief-Stb hinten häkeln, um das übersprungene Relief-Stb vorne 1 Relief-Stb vorne häkeln, ab * fortlaufend wdh. Das letzte Relief-Stb dieser Rd um das 1. übersprungene Relief-Stb hinten am Anfang dieser Rd arbeiten.

6. Rd: 1 Relief-Stb vorne häkeln, das erste Relief-Stb hinten überspringen und *das

2. Relief-Stb hinten verdoppeln. Um das 3. und 4. Relief-Stb hinten jeweils ein Relief-Stb hinten häkeln, das folgende Relief-Stb vorne überspringen und das 1. Relief-Stb hinten des 2. Rapports verdoppeln, um das übersprungene Relief-Stb vorne 1 Relief-Stb vorne häkeln, ab *fortlaufend wdh. Das letzte Relief-Stb dieser Rd um das erste übersprungene Relief-Stb hinten am Anfang dieser Rd arbeiten.

7.-11. Rd: Ohne weitere Zunahmen nach dem gleichen Schema häkeln.

12. Rd: Wie gewohnt beginnen, *jedoch das 1. und 2. und das 5. und 6. Relief-Stb hinten zusammen abmaschen. Dafür das Relief-Stb vorne überspringen, das Relief-Stb hinten arb und nun das Relief-Stb vorne häkeln, ab *fortlaufend wdh.

13. Rd: 1 Relief-Stb vorne häkeln, das 1. Relief-Stb hinten überspringen, das 2. und 3. Relief-Stb hinten zusammen abmaschen den Rapport und die Rd wie gewohnt beenden.

14. Rd: fM häkeln.

15. Rd: Mit Nd 4,5 mm weiterarbeiten und fM häkeln.

Mützenschild

1. R: 1 Wende-Lm häkeln und die Arbeit wenden. In die folgenden 14 M je 2 fM arb = 28 fM, 1 Wende-Lm, die Arbeit wenden.

2. R: 28 fM häkeln, 1 Wende-Lm, die Arbeit wenden.

3. R: Die 1. M überspringen und die R bis zum Ende häkeln, dabei auch die letzte M nicht häkeln = 24 fM, 1 Wende-Lm, die Arbeit wenden.

4. R: 24 fM häkeln.

5. R: Wie die 3. R häkeln = 22 fM, 1 Wende-Lm, die Arbeit wenden.

6. R: 22 fM häkeln, den Faden trennen. Den Faden an der 1. fM der 1. R neu anmaschen und in die 14 M jeweils 2 fM arb. Die R liegt jetzt genau über der 1. R des Mützenschildes. Wie in der 1.-6. R beschrieben häkeln. Auf der Rückseite den Faden neu anmaschen und eine Rd fM komplett um die Mütze und das Schild häkeln, dabei die beiden Schildseiten zusammenhäkeln. Den Faden trennen und vernähen.

Mein Tipp für Sie

Stabilität Damit das Mützenschild stabiler wird, aus Karton oder Folie eine passende Form zuschneiden und zwischen die beiden Seiten einlegen, bevor die letzte Runde in festen Maschen gehäkelt wird.

Mein Tipp für Sie

Größe Wollen Sie eine andere Größe arbeiten? Beim Häkeln genügt es oft schon, eine dickere Nadel als angegeben zu verwenden. Die Mütze wird dann etwas größer und auch elastischer. Für kleinere Maße nehmen Sie eine dünnere Häkelnadel als angegeben.

Schal

1. R: 21 Lm häkeln, 1 Stb in die 4. Lm nach der Nd arbeiten, Stb häkeln = 3 Wende-Lm, 17 Stb.

2. R: 3 Wende-Lm, 1 Stb, 1 Relief-Stb vorne, 1 Stb, 1 Relief-Stb hinten, 2 Stb, 1 Relief-Stb vorne, 2 Relief-Stb hinten, 1 Relief-Stb vorne, 2 Stb, 1 Relief-Stb hinten, 1 Stb, 1 Relief-Stb vorne und 2 Stb.

3. R: 3 Wende-Lm, 1 Stb, 1 Relief-Stb hinten, 1 Stb, 1 Relief-Stb vorne, 2 Stb, 1 Relief-Stb hinten, 2 Relief-Stb vorne, 1 Relief-Stb hinten, 2 Stb, 1 Relief-Stb vorne, 1 Stb, 1 Relief-Stb hinten, 2 Stb.

4.-123.R: Die 2. und 3. R fortlaufend wdh.

Den Faden trennen und vernähen. 38 cm lange Fäden zuschneiden und gleichmäßig verteilt 4fädig gebündelt Fransen einknüpfen.

In jeder Farbe schön

Wählen Sie Ihre Lieblingsfarbe!

GRÖSSE
Mütze ca. 56-58 cm Kopfumfang
Schal ca. 157 cm x 15 cm

MATERIAL
* Häkelnadel 6 mm

MÜTZE
* Schachenmayr Boston in Mittelgrau (Fb 092), 100 g
* Häkelnadel 4,5 mm

SCHAL
* Schachenmayr Boston in Mittelgrau (Fb 092), 300 g

MASCHENPROBE
Mit Nd 6 mm in Stb
11 M und 6 R
= 10 cm x 10 cm

Mütze

Die Mütze mit einem Fadenring von der Mitte heraus beginnen. In jeder R und Rd jeweils als Ersatz für das 1. Stb 3 Lm häkeln und jede Rd mit einer Km schließen.

1. R: Mit Nd 6 mm einen Fadenring anschlagen. 3 Lm und 13 Stb in den Fadenring häkeln, die Rd mit einer Km schließen, wenden.
2. R: Jede M verdoppeln und mit dem Muster beginnen: 3 Wende-Lm, 7 Stb, 1 Relief-Stb vorne, 2 Stb, 2 Relief-Stb vorne, 2 Stb, 2 Relief-Stb vorne, 2 Stb, 1 Relief-Stb vorne, 7 Stb.
3. R: 3 Wende-Lm, *1 Stb verdoppeln, 1 Stb, ab * noch 3x wdh, 1 Stb verdoppeln, 1 Relief-Stb hinten. In die nächste M 2 Stb arb, die nächste M überspringen und erst das 1. und dann das 2. Relief- Stb häkeln. Jetzt in die übersprungene M 1 Stb häkeln. In die folgenden 2 M je 1 Stb häkeln. Die beiden Relief-Stb überspringen und in die nächste M 1 Stb häkeln. 2 Relief-Stb hinten häkeln, dann 1 Stb verdoppeln, 1 Relief-Stb hinten, *1 Stb verdoppeln, 1 Stb, ab * noch 3x wdh, Km, wenden.
4. R: 3 Lm, 11 Stb der Vor-R behäkeln, dabei jedes 3. Stb verdoppeln = 14 Stb, 1 Relief-Stb vorne, 2 Stb, 2 Relief-Stb vorne, 4 Stb. 2 Relief-Stb vorne, 2 Stb, 1 Relief-Stb vorne. Noch 11 Stb der Vor-R behäkeln, dabei jedes 3. Stb verdoppeln, Km, wenden.
5. R: 3 Lm, 14 Stb der Vor-R behäkeln, dabei jedes 4. Stb verdoppeln = 17 Stb, 1 Relief-Stb hinten, 2 Stb, die 2 Relief-Stb überspringen und in die nächste M 1 Stb häkeln. Dann das 1. und 2. Relief-Stb hinten häkeln. 2 Stb arbeiten, die folgende M überspringen, dann das 3. und das 4. Relief-Stb hinten häkeln, in die übersprungene M 1 Stb häkeln, 2 Stb, 1 Relief-Stb hinten häkeln. 14 Stb der Vor-R behäkeln, dabei jedes 4. Stb verdoppeln, Km, wenden.
6. R: 3 Lm, 17 Stb, 1 Relief-Stb vorne, 3 Stb, die 2 Relief-Stb vorne überspringen und 1 Stb in die nächste M häkeln. Nun 2 Relief-Stb vorne um die übersprungenen Relief-Stb häkeln. Die nächste M überspringen und 2 Relief-Stb vorne arbeiten. In die übersprungene M hinter der Arbeit einstechen und 1 Stb häkeln. 3 Stb, 1 Relief-Stb vorne, 17 Stb, Km, wenden.
7. R: 3 Lm, 17 Stb, 1 Relief-Stb hinten, 4 Stb, die ersten 2 Relief-Stb überspringen, erst das 3. und 4., dann das 1. und 2. Relief-Stb hinten arbeiten. 4 Stb, 1 Relief-Stb hinten, 17 Stb, Km, wenden.
8. R: 3 Lm, 17 Stb, 1 Relief-Stb vorne, 3 Stb, das folgende Stb überspringen, 2 Relief-Stb vorne, hinter der Arbeit in das übersprungene Stb einstechen und 1 Stb häkeln, 2 Relief-Stb überspringen und in die nächste M 1 Stb arbeiten, 2 Relief-Stb vorne um die übersprungenen Relief-Stb häkeln, 3 Stb, 1 Relief-Stb vorne, 17 Stb, Km, wenden.
9. R: 3 Lm, 17 Stb, 1 Relief-Stb hinten, 2 Stb, das folgende Stb überspringen, 2 Relief-Stb hinten häkeln, dann vor der Arbeit in das übersprungene Stb einstechen und 1 Stb häkeln. 2 Stb, die 2 Relief-Stb überspringen, 1 Stb, dann 2 Relief-Stb hinten um die übersprungenen Relief-Stb häkeln. 2 Stb, 1 Relief-Stb hinten, 17 Stb, Km, wenden.
10. R: 3 Lm, 17 Stb, 1 Relief-Stb vorne; 2 Stb; 2 Relief-Stb vorne, 4 Stb, 2 Relief-Stb vorne,

2 Stb, 1 Relief-Stb vorne, 17 Stb arb, Km, wenden.

11. R: 3 Lm, 17 Stb, 1 Relief-Stb hinten, 2 Stb, 2 Relief-Stb überspringen, 1 Stb, 2 Relief-Stb hinten um die übersprungen Relief-Stb häkeln. 2 Stb, die folgende M überspringen, 2 Relief-Stb hinten, in die übersprungene M 1 Stb arbeiten, 2 Stb, 1 Relief-Stb hinten, 17 Stb, Km, wenden.

Nun in R den Nacken und die Ohrenklappen arb.

12. R: 3 Lm, 15 Stb häkeln, wenden.

14. R: 3 Lm, 15 Stb, den Faden trennen.

14. R: In das 7. Stb den Faden neu anmaschen, 3 Lm, 8 Stb häkeln, wenden.

15. R: 2 Lm, die folgenden 2 Stb zusammen abmaschen, 3 Stb, 2 Stb zusammen abmaschen, 1 Stb. Den Faden trennen.

Nun den Faden in der letzten M der 12 R anschlagen und die 2. Seite gegengleich häkeln.

Den Rand der Mütze mit Nd 4,5 mm und fM umhäkeln. Alle Fäden trennen und vernähen.

Schal

In jeder R jeweils als Ersatz für das 1. Stb 3 Lm häkeln.

1. R: Mit Nd 6 mm 19 Lm arbeiten. fM häkeln, dabei die 1. fM in die 2. Lm nach der Nd häkeln = 18 fM.

2. R: Die 1. R wiederholen.

3. R: Stb arbeiten = 18 Stb.

4. R: Die R einteilen in 2 Stb, 1 Relief-Stb vorne, 2 Stb, 2 Relief-Stb vorne, 4 Stb, 2 Relief-Stb vorne, 2 Stb, 1 Relief-Stb vorne und 2 Stb.

5. R: 2 Stb, 1 Relief-Stb hinten, 2 Stb, 2 Relief-Stb hinten überspringen, 1 Stb, 2 Relief-Stb hinten um die übersprungenen Relief-Stb häkeln, 2 Stb, 1 M überspringen, 2 Relief-Stb hinten, in die übersprungene M 1 Stb arbeiten, 2 Stb, 1 Relief-Stb hinten, 2 Stb.

6. R: 2 Stb, 1 Relief-Stb vorne, 3 Stb, 2 Relief-Stb überspringen, 1 Stb, 2 Relief-Stb vorne um die übersprungenen Relief-Stb häkeln, die nächste M überspringen, 2 Relief-Stb vorne, in die übersprungene M hinter der Arbeit einstechen und 1 Stb häkeln, 3 Stb, 1 Relief-Stb vorne, 2 Stb.

7. R: 2 Stb, 1 Relief-Stb hinten, 4 Stb, 2 Relief-Stb überspringen, 2 Relief-Stb hinten, dann 2 Relief-Stb hinten um die übersprungenen Relief-Stb häkeln, 4 Stb, 1 Relief-Stb hinten, 2 Stb.

8. R: 2 Stb, 1 Relief-Stb vorne, 3 Stb, das folgende Stb überspringen, 2 Relief-Stb vorne, hinter der Arbeit in das übersprungene Stb einstechen und 1 Stb häkeln, die 2 Relief-Stb überspringen, 1 Stb, 2 Relief-Stb vorne um die übersprungenen Relief-Stb häkeln, 3 Stb, 1 Relief-Stb vorne, 2 Stb.

9. R: 2 Stb, 1 Relief-Stb hinten, 2 Stb, das folgende Stb überspringen, 2 Relief-Stb hinten, vor der Arbeit in das übersprungene Stb einstechen und 1 Stb häkeln, 2 Stb, die 2 Relief-Stb überspringen, 1 Stb, dann 2 Relief-Stb hinten um die übersprungenen Relief-Stb häkeln, 2 Stb, 1 Relief-Stb hinten, 2 Stb.

10. R: 2 Stb, 1 Relief-Stb vorne, 2 Stb, 2 Relief-Stb vorne, 4 Stb, 2 Relief-Stb vorne, 2 Stb, 1 Relief-Stb vorne, 2 Stb.

Die 3.-8. R fortlaufend wdh, bis insgesamt 104 R gehäkelt sind, den Faden trennen und vernähen.

Mein Tipp für Sie

Gekreuzte Reliefstäbchen Häkeln Sie die gekreuzten Reliefstäbchen etwas lockerer. Wird der Faden zu stark angezogen, rollt sich der Schal unschön ein.

Variante

Schal und Mütze sehen auch in Pink (Fb 035) fantastisch aus! Zusätzlich werden noch 4 Pompons für den Schal und 1 großer Pompon für die Mütze gearbeitet und an die fertigen Teile genäht.

Knallbuntes gegen trübe Tage

Mütze und Schal für Einsteiger

GRÖSSE

Mütze ca. 52-56 cm Kopfumfang
Schal ca.18 cm x 260 cm

MATERIAL

MÜTZE

* Schachenmayr Boston in Mosaikblau (Fb 065), 150 g
* 6 Nadelspielnadeln 7 mm

SCHAL

* Schachenmayr Boston in Violett (Fb 049), Weinrot (Fb 031), Kürbis (Fb 026), Natur (Fb 002), Schwarz (Fb 099), Mosaikblau (Fb 065), Billardgrün (Fb 070) und Gelb (Fb 021), je 50 g
* Rundstricknadel 7 mm

MASCHENPROBE

Mit Nd 7 mm im Querrippenmuster 11 M und 24 Rd = 10 cm x 10 cm

1 Rapport (38 R) im Strukturrippenmuster = ca. 23 cm hoch

Kraus Rechts

Hinr und Rückr rechts str, in Runden 1 Rd rechts und 1 Rd links im Wechsel str.

Glatt rechts

Hinr rechte M, Rückr linke M str, in Rd alle M rechts str.

Bündchenmuster

Gerade M-Zahl. In Rd 1 M rechts, 1 M links im Wechsel str.

Querrippenmuster

in Rd: 2 Rd glatt rechts, 4 Rd kraus rechts im Wechsel str.

Strukturrippenmuster

* 4 R kraus rechts, 10 R glatt rechts, 4 R kraus rechts, 2 R glatt rechts, 4 R kraus rechts, 10 R glatt rechts, 4 R kraus rechts, ab * stets wdh. 1 Rapport entspricht jeweils 38 R. In der Farbfolge werden auch halbe Rapporte gestrickt!

Mütze

60 M auf 4 Nd des Ndspiels verteilt (= 15 M je Nd) anschlagen, zur Rd schließen und 6 Rd im Bündchenmuster str. Anschließend im Querrippenmuster weiter str, dabei in der 1. Rd gleichmäßig verteilt 16 M rechts verschränkt aus dem Querfaden zunehmen = 76 M. Die M auf 5 Spielnd verteilen und den Rapport von 6 Rd insgesamt 6x str. Anschließend glatt rechts weiter arbeiten, dabei in der ersten Rd 19 M abnehmen, dafür * 2 M rechts str, dann 2 M rechts zusammenstr, ab * stets wdh = 57 M. In der nächsten Rd alle M rechts str, in der darauf folgenden Rd * 2 M rechts str, dann 2 M rechts zusammenstr, ab * stets wdh, enden mit 1 M rechts = 43 M. Diese beiden Rd nochmals wdh, die 2. Rd endet dabei mit 3 M rechts = 33 M. Anschließend noch 1 Rd rechts str, in der folgenden Rd jeweils immer 2 M rechts zusammenstr, enden mit 1 M rechts = 17 M. Auch diese beiden Rd nochmals wdh, dann den Faden trennen, mit einer Sticknd ohne Spitze 2x durch die M ziehen und alle Fäden vernähen. Mützenhöhe ca. 26 cm.

Schal

Randmaschen

In jeder R die erste M wie zum Linksstr abheben, die letzte M rechts str.

Farbfolge

Im Strukturrippenmuster 38 R in Violett, 19 R in Weinrot, 19 R in Kürbis, 38 R in Natur, 19 R in Schwarz, 19 R in Mosaikblau, 38 R in Billardgrün, 19 R in Gelb, 19 R in Violett, 38 R in Weinrot, 19 R in Kürbis, 19 R in Natur, 38 R in Schwarz, 19 R in Mosaikblau, 19 R in Billardgrün und 38 R in Gelb str = 418 R.

Anleitung

22 M in Violett anschlagen und im Strukturrippenmuster in der Farbfolge str, dabei zählt die Anschlag-R schon als 1. R des Musters. Nach 417 R in der letzten Rückr alle M abketten und die Fäden vernähen.

Raffiniert gewickelt

Stola mit Armlöchern und Mütze

GRÖSSE
Mütze ca. 56-57 cm Kopfumfang
Stola ca. 54 cm x 200 cm

MATERIAL
* Häkelnadel 6 mm

MÜTZE
* Schachenmayr Extra Merino in Marine (Fb 050), 100 g, dunkles Petrol (Fb 056) und Mosaikblau (Fb 055), je 50 g
* Häkelnadel 4,5 mm

STOLA
* Schachenmayr Extra Merino in Marine (Fb 50), 150 g, dunkles Petrol (Fb 56) und Mosaikblau (Fb 55), je 250 g

MASCHENPROBE
Mit Nd 6 mm in Stb
14 M und 8 R
= 10 cm x 10 cm

Stola

Grundmuster

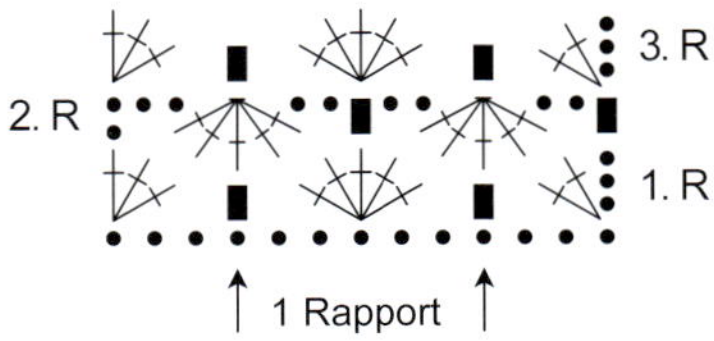

ZEICHENERKLÄRUNG

• = Lm
▮ = fM
┼ = Stb
= 5 Stb in 1 Einstichstelle
= 5 zus abgemaschte Stb

Streifenfolge

3 R dunkles Petrol, 1 R Marine, 3 R Mosaikblau, 1 R Marine. Die Streifenfolge fortlaufend wdh.

Anleitung

255 Lm in Petrol anschlagen und 2 Stb in die 4. Lm nach der Nd häkeln. Im Grundmuster häkeln und die Streifenfolge einhalten, dabei für den Farbwechsel immer bereits die letzte M der Vor-R mit der folgenden Farbe abmaschen.

21. R: In dieser R werden die Armausschnitte gearbeitet, dafür in Mosaikblau häkeln. Sind 1 halbe Stb-Gruppe (3 Stb) und 13 5er Stb-Gruppen gehäkelt, 31 Lm häkeln, 3 Stb-Gruppen der Vor-R überspringen, in die folgende Stb-Gruppe 1 fM häkeln und im Grundmuster weiterarbeiten. Nach 6 weiteren 5er Stb-Gruppen in der selben Weise den zweiten Armausschnitt arbeiten, die R im Grundmuster beenden.

Im Grundmuster weiterarbeiten, dabei weiter die Streifenfolge einhalten. Nach der 40. R die Arbeit beenden. Den Faden trennen. Die Stola mit je 1 Rd fM in Mosaikblau und dunklem Petrol umhäkeln.

Mütze

Hinweis: Die Mütze wird doppelfädig und bis zur 22. Rd spiralförmig gearbeitet. Den Rd-Beginn markieren, so lassen sich die M und Rd besser zählen.

1. Rd: In Marine mit Nd 6 mm einen Fadenring arbeiten und 8 fM häkeln, den Faden festziehen = 8 fM. Jetzt spiralförmig weiterarbeiten.
2. Rd: Jede fM verdoppeln = 16 fM.
3. Rd: 16 fM häkeln.
4. Rd: Jede 2. fM verdoppeln = 24 fM.
5. Rd: 24 fM häkeln.
6. Rd: Jede 2. fM verdoppeln = 36 fM.
7. Rd: 36 fM häkeln.
8. Rd: Jede 2. fM verdoppeln = 54 fM.
9.-22. Rd: fM häkeln. Die 22. Rd mit der Nd 4,5 mm häkeln, ab jetzt nicht mehr spiralförmig häkeln sondern jede Rd mit 1 Km schließen. In Mosaikblau abmaschen und den Faden in Marine trennen.
23.-24. Rd: fM häkeln. Die Km der 24. Rd in Petrol abmaschen, den Faden in Mosaikblau trennen.
25.-26. Rd: fM häkeln.
Den Faden trennen und alle Fäden vernähen.

M. G. W
30,480 KGS
67,200 LBS
TARE
KGS
LBS
NET
KGS
LBS
CU.M.
CU.FT.

Beerentöne voll im Trend

Kapuzenschal in Viola und Himbeere

Grundmuster

siehe Umschlagklappe
Die 2. und 3. R fortlaufend wdh.

Anleitung

1. R: Mit Nd 6 mm und Extra Merino Big 26 Lm arbeiten, in die 5. M nach der Nd einstechen und im Grundmuster häkeln. In die letzte Lm der R 7 Stb arbeiten, die Arbeit drehen und auf die Unterseite der Lm weiter im Grundmuster häkeln. 3 Wende-Lm häkeln.
2. R: Im Grundmuster häkeln bis zu der Gruppe aus 7 Stb in der Vor-R. In das 3. Stb 1 Relief-Stb vorne, in das 4. Stb 5 Stb und in das 5. Stb 1 Relief-Stb vorne arbeiten. Die R im Grundmuster beenden.
3. R: Im Grundmuster häkeln.
4. R: Im Grundmuster häkeln. Nach dem 4. Relief-Stb vorne gleich in die 4. M der 5 Stb der Vor-R 5 Stb häkeln. In das folgende Relief-Stb der Vor-R 5 Stb häkeln, in die nächsten 5 Stb der Vor-R in die 2. M 5 Stb und in die 3. M 1 Relief-Stb vorne arbeiten, dann die R nach Grundmuster beenden.
5. R: Im Grundmuster häkeln, dabei aber für die Zunahmen zwischen die 4. und 5. Stb-Gruppe der Vor-R und die 5. und 6. Stb-Gruppe der Vor-R jeweils eine zusätzliche Stb-Gruppe arbeiten.
6.-14. R: Im Grundmuster häkeln.
15. R: Im Grundmuster häkeln, dabei aber anstelle der 5. und 6. Stb-Gruppe nur jeweils 2 Stb arbeiten.
16. R: Im Grundmuster häkeln. Sind 4 Relief-Stb vorne gehäkelt, *zwischen die beiden folgenden Stb der Vor-R 3 Stb häkeln, ab * noch 1x wdh und die R im Grundmuster beenden.
17. R: Im Grundmuster häkeln, dabei nach dem 3. Relief-Stb hinten in die folgende M 3 Stb und 3 Wende-Lm arbeiten, die Arbeit wenden.
18.-61. R: Im Grundmuster häkeln.
62. R: Im Grundmuster bis zur 3. Stb-Gruppe häkeln, das letzte Stb mit Cassiopeia und doppeltem Faden abmaschen und die R mit Cassiopeia beenden. Dafür verteilt 2 Stb häkeln, 3 Wende-Lm arbeiten und die Arbeit wenden.
63. R: Weiter mit Cassiopeia in die 2 Stb der Vor-R je 1 Stb und weiter in das 1. und 3. Stb der folgenden Stb-gruppe der Vor-R je 1 Stb häkeln, das letzte mit Extra Merino Big abmaschen und im Grundmuster die R beenden. 3 Wende-Lm, die Arbeit wenden.
64. R: Im Grundmuster bis zur 2. Stb-Gruppe häkeln, das letzte Stb mit Cassiopeia abmaschen, weiter gleichmäßig verteilt 2 Stb häkeln, und weiter auf die Stb der Vor-R wieder Stb häkeln. 3 Wende-Lm, die Arbeit wenden.
65. R: Mit Cassiopeia in die 6 Stb der letzten R je 1 Stb und weiter in das 1. und 3. Stb der Stb-Gruppe der Vor-R je 1 Stb häkeln, das letzte mit Extra Merino Big abmaschen und im Grundmuster die R beenden. 3 Wende-Lm, die Arbeit wenden.
66. R: 1 Stb-Gruppe häkeln, dabei das letzte Stb mit Cassiopeia abmaschen; weiter gleichmäßig verteilt 2 Stb häkeln, und weiter auf die Stb der Vor-R wieder Stb häkeln. 3 Wende-Lm, die Arbeit wenden.
67. R: Nach den 2 Wende-Lm noch 2 Stb in die gleiche Einstichstelle arb. Mit 1 Km Cassiopeia abmaschen und verteilt 2 Stb in die nächsten M-Glieder und dann weiter in jedes Stb der letzten R, in Cassiopeia, je 1 Stb häkeln (= 12 Stb). 3 Wende-Lm arb und die Arbeit wenden.
68. R: Mit Cassiopeia häkeln, dafür in jedes Stb der Vor-R 1 Stb häkeln. Die letzte Stb-Gruppe der Vor-R mit 2 Stb behäkeln (=14 Stb), 3 Wende-Lm, die Arbeit wenden.
69.-72. R: Stb häkeln. Die Fäden trennen.
Die zweite Seite des Schals ab der 17. R gegengleich häkeln.

Pelz

Am vorderen Rand des Kopfteiles an beiden Seiten die 24. R markieren. An einer Seite Cassiopeia mit doppeltem Faden anmaschen und bis zur 2. Markierung fM häkeln, 1 Wende-Lm, die Arbeit wenden.
2.-4. R: fM häkeln, dabei die erste und die letzte fM unbehäkelt lassen, 1 Wende-Lm, die Arbeit wenden.
Die Fäden trennen.
5. R: Die Fäden mit Nd 4 mm in Höhe der Markierung anmaschen und fM um den gesamten Pelzrand häkeln. Fäden trennen und vernähen.

GRÖSSE
14 cm x 115 cm

MATERIAL
* Schachenmayr Extra Merino Big in Viola (Fb 149), 250 g
* Schachenmayr Cassiopeia in Himbeere (Fb 037), 100 g
* Häkelnadel 6 mm und 4 mm

MASCHEN-PROBE
Mit Nd 6 mm in Stb 13 M und 7 R = 10 cm x 10 cm

HÄKEL-SCHRIFT
Umschlagklappe

Für warme Hände

Kapuzenschal mit praktischen Taschen

Grundmuster

Mit eingefügter Wende-Lm
und versetztem Rapport

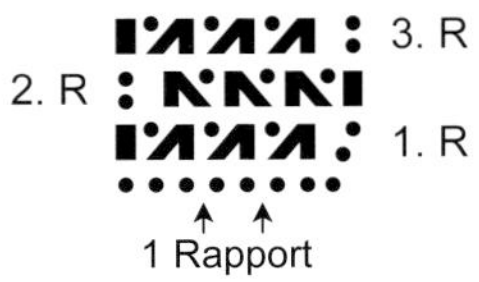

ZEICHENERKLÄRUNG

• = Lm

▮ = fM

 = 2 zus abgemaschte fM

Anleitung

1. R: 36 Lm in Cayenne mit Nd 8 mm häkeln, in die 2. Lm nach der Nd einstechen und im Grundmuster arbeiten, die Arbreit drehen und auf der Unterseite der Lm-Kette weiterhäkeln, 2 Wende-Lm, die Arbeit wenden.
2.-23. R: Im Grundmuster häkeln.
24. R: Einen Rapport abnehmen, dafür den 17. und 18. Rapport zusammenhäkeln: In das erste M-Glied des 17. Rapports und in das 2. M-Glied des 18. Rapports einstechen und zusammen abmaschen. 2 Wende-Lm, die Arbeit wenden.
25. R: Wieder einen Rapport abnehmen, dafür den 16. und 17. Rapport zusammenhäkeln: In das erste M-Glied des 16. Rapports und in das 2. M-Glied des 17. Rapports einstechen und zusammen abmaschen. 2 Wende-Lm, die Arbeit wenden.
26.+27. R: Im Grundmuster häkeln.
28. R: Für die Ohrenklappe 12 Rapporte im Grundmuster häkeln, 2 Wende-Lm, die Arbeit wenden.
29.-31. R: Im Grundmuster häkeln.
32. R: Den 1. Rapport überspringen, weiter im Grundmuster arbeiten, 2 Wende-Lm, die Arbeit wenden.
33. R: Im Grundmuster häkeln.
34. R: Den 1. Rapport überspringen, weiter im Grundmuster arbeiten, 2 Wende-Lm, die Arbeit wenden.
35. R: Im Grundmuster häkeln.
36. R: Den 1. Rapport überspringen, weiter im Grundmuster arbeiten, 2 Wende-Lm, die Arbeit wenden.
37. R: Im Grundmuster häkeln.
38. R: Den 1. Rapport überspringen, weiter im Grundmuster arbeiten, 2 Wende-Lm, die Arbeit wenden.
39.-100. R: Im Grundmuster häkeln.
101. R: Den 1. und 8. Rapport halbieren, dafür die 1. M des jeweiligen Rapports überspringen und in die 2. M der Vor-R 1 fM häkeln.
102. R: Im Grundmuster häkeln.
103. R: Den 1. und 8. Rapport überspringen, weiter im Grundmuster häkeln.
104. R: Im Grundmuster häkeln.
105. R: Den 1. und 6. Rapport halbieren, dafür die 1. M des jeweiligen Rapports überspringen und in die 2. M der Vor-R 1 fM häkeln.
106. R: Im Grundmuster häkeln.
107. R: Den 1. und 6. Rapport überspringen, weiter im Grundmuster häkeln.
Den Faden trennen und vorne an der Stirnseite der Kapuze neu anmaschen. Die 2. Seite gegengleich arbeiten.

Tasche

1.-14. R: 18 Lm in Mocca meliert mit Nd 8 mm anschlagen, in die 2. Lm nach der Nd einstechen und im Grundmuster häkeln. Jeweils 2 Wende-Lm arbeiten und die Arbeit wenden.
15.-21. R: Nun werden die Abnahmen gearbeitet, dafür wie in der 101.-107. R des Kapuzenschals häkeln. Den Faden trennen
Die 2. Tasche genauso arbeiten.

Fertigstellen

Die Taschen auf die Außenseiten des Kapuzenschals platzieren, eventuell mit Steckndl fixieren. Mit Nd 5 mm in Mocca meliert 1 R fM komplett um die Arbeit häkeln, dabei die Taschen mit festhäkeln. Den Faden trennen und den Kapuzenrand umschlagen und mit ein paar Stichen in Cayenne festnähen. Eine ca. 8 cm lange Quaste in Mocca Meliert arbeiten und an der Kapuze festnähen.

GRÖSSE
14 cm x 96 cm

MATERIAL
* Schachenmayr Extra Merino Big in Cayenne (Fb 127), 350 g und Mocca Meliert (Fb 111), 100 g
* Häkelnadel 8 mm und 5 mm

MASCHEN-PROBE
Mit Nd 8 mm im Grundmuster 6,5 Rapporte und 12 R = 10 cm x 10 cm

Katja Gradt, Jahrgang 1981, ist als Jugendliche mit dem Häkel-Virus infiziert worden. Das Häkeln hat die gelernte Holzspielzeugmacherin von ihrer Großmutter gelernt. 2008 hat sie sich mit einem Internet-Shop mit gehäkelter Mode selbstständig gemacht.

Tanja Steinbach, geboren 1970, hat nach einer Schneiderlehre Textildesign studiert. Dabei hat sie sich auf Gestaltung und Entwurf von Strickmode spezialisiert. Seit 1996 ist sie Designerin bei der Firma Schachenmayr.

DANKE!

Wir danken den Firmen Coats und Union Knopf für die Unterstützung bei diesem Buch: Coats GmbH Kenzingen www.coatsgmbh.de

TOPP – Unsere Servicegarantie

WIR SIND FÜR SIE DA! Bei Fragen zu unserem umfangreichen Programm oder Anregungen freuen wir uns über Ihren Anruf oder Ihre Post. Loben Sie uns, aber scheuen Sie sich auch nicht, Ihre Kritik mitzuteilen – sie hilft uns, ständig besser zu werden.

Bei Fragen zu einzelnen Materialien oder Techniken wenden Sie sich bitte an unseren Kreativservice, Frau Erika Noll.
mail@kreativ-service.info
Telefon 0 50 52 / 91 18 58

Das Produktmanagement erreichen Sie unter:
pm@frechverlag.de
oder:
frechverlag
Produktmanagement
Turbinenstraße 7
70499 Stuttgart
Telefon 07 11 / 8 30 86 68

LERNEN SIE UNS BESSER KENNEN! Fragen Sie Ihren Hobbyfach- oder Buchhändler nach unserem kostenlosen Kreativmagazin **Wolle & Co.**. Darin entdecken Sie halbjährlich die neuesten Kreativtrends und interessantesten Buchneuheiten.

Oder besuchen Sie uns im Internet! Unter **www.frechverlag.de** können Sie sich über unser umfangreiches Buchprogramm informieren, unsere Autoren kennenlernen sowie aktuelle Highlights und neue Kreativtechniken entdecken, kurz – die ganze Welt der Kreativität.

Kreativ immer up to date sind Sie mit unserem monatlichen **Newsletter** mit den aktuellsten News aus dem frechverlag, Gratis-Anleitungen und attraktiven Gewinnspielen.

IMPRESSUM

MODELLE: Katja Gradt (alle Häkelmodelle), Tanja Steinbach (alle Strickmodelle)
FOTOS: frechverlag GmbH, 70499 Stuttgart; lichtpunkt, Michael Ruder, Stuttgart
PRODUKTMANAGEMENT UND LEKTORAT: Eva-Barbara Hentschel
GESTALTUNG: Petra Theilfarth
DRUCK: frechdruck GmbH, 70499 Stuttgart PRINTED IN GERMANY

Auflage:	6.	5.	4.	3.		
Jahr:	2014	2013	2012	2011	2010	[Letzte Zahlen maßgebend]

ISBN 978-3-7724-6662-5 • Best.-Nr. 6662